JN409416

영원한 향기

탄탄 빈봉완 제2시집

도서출판 국보

영원한 향기

탄탄 빈봉완 제2시집

도서출판 국보

책머리에

시인의 노래

세월도 무상
인생도 무상
허무한 세월
가는 세월을
붙잡지 못한다.

한줄기
단비처럼
사랑과 행복 추억
인생의 발자취를
마음깊이 적신다.

여유로운 방갈로에서
설레 이는 마음으로
아깝지 않은 세월을 위해
쥐꼬리만 한 행복을 기도한다.

지나가는 길 위에 뜬
흰 구름 쳐다보고
즐거운 마음으로 노래 부른다

영원 하라
나의 이름이여
빛나라
영원한 향기여!

시인의 말

- 얼굴은 눈으로 보고 마음은 언어로 표현했다.
- 꽃밭 속에 사랑의계약서는 영혼의 동반자다.
- 세상을 보며 관계된 웃음은 마음의 꽃이었다.
- 누구나 칭찬이란 추임새는 삶의 활력소다.
- 오늘 이란 말은 싱그러운 꽃처럼 생동감 있다.
- 나만의 자연, 힐링, 웰빙 등의 오묘한 진리를 본다.
- 내가 보낸 추억과 그리움이 감동으로 묻어난다.
- 밝은 인상은 즐거운 마음과 진실한 웃음이 나온다.
- 사물을 보면서 인생을 즐기고 감사할 줄 안다.
- 미의 예술은 마음을 비우고 보람과 여유를 찾는다.
- 청량감 넘치는 행복과 성찰하는 기회가 있다.
- 자연과 인간을 널리 사랑하는 마음으로 바라보는 눈(착목)연습을 한다.
- 눈에 시는 지성과감성이 떠오르는 예술적인 안목이 있다.
- 왜라는 물음으로 눈부시게 찬란한 아름다움을 느낀다.
- 나와의 관계로 설레이는 마음과 흥분된 희열을 느낀다.
- 즐거운 인생의 꽃과 열매를 수확하고 오묘한 맛을 느끼며 감명 깊게 감상한다.

2014년 9월

로맨틱한 해운대에서

탄탄 / 빈봉완

제1장 국화꽃 당신

제2장 대전사랑 노래

제3장 사랑의 계약서

제4장 삶의 추임새

제5장 진안으로 가는 길

제 1 장

국화꽃 당신

가을 메시지

일편단심 코스모스는
목숨 바쳐 피어나고
울긋불긋 단풍잎은
순정의 치맛바람 날리고
가을 떨어지는 소리는
다람쥐 귀를 쫑긋 세우고
신명 들린 귀뚜라미 노래는
청풍에 씻긴 달빛자장가 된다.

속 끓인 농부의 애간장은
붉게 익은 동그란 과일이고
풍요로운 들녘의 황금물결은
농부의 일렁이는 땀방울이고
허수아비 헛된 꿈은 세상살이
외롭고, 힘들고, 허무한 것이고
곡식이 영글고 과일이 익듯
잘 익어야 사람이다. 라고
높고 넓은 창공으로
가을 메시지 보내 왔어요.

고향

까마귀 창공을 날아오르고
산 꿩도 푸드덕 꿩! 꿩!
이 산에서 날아 저 산으로
보금자리 옮긴다.

자리를 왜? 옮기며
고향은 어디? 이냐고
물어 봤지요.

사는 게 자유요.
내 사는 여기가
고향이라고요.
내 사는 여기가.

고향이 부른다

향수는 눈을 뜨나, 감으나, 언제, 어디서나 문득, 문득
시도 때도 없이 보일 듯 잡힐 듯 어른어른 눈앞을 가려오고
눈을 밟고 떠오르는 달빛 찬란한 내 고향 부남 눈 안에서 맴돌고
푸른 오지랖에 푸른 꿈이 피어나던 푸른 고향 산천초목 보이고
개굴개굴 합창 소리, 새소리, 멍멍이, 음–메 소, 정겨운 연주 들리고
솔향기, 산 냄새, 꽃향기, 풀냄새, 고향냄새, 감미롭게 묻어나고
마르지 않는 샘물 같은, 아름다운 마음이 모여 살던 무지갯빛 추억은
파노라마 되어, 향수를 부르고 마음달랜 석잔 술에 고향 노래도 취한다.

부남의 수려한 경관을 찾는 손님께, 고개 숙여 인사하는 대문바위
지혜로운 자태를 감추는, 겸손함과 미덕의 지장산
준수한 용모에, 고요를 품은, 심장 뿜어 신선약수 주시는 옥녀봉
한국의 오아시스 "옥녀수" 보통사람이 먹어도, 신선처럼 착하게 살고

지장산과 옥녀봉 정기 받은, 어머님 목소리 귀를 후비고,
다정다감한 그 목소리, 점점 가까이 들려오고,
달빛속의 세레나데 되어, 애잔한 그 목소리, 가슴을 파고들고,
생생한 삶의 역정이, 파노라마 같이 떠올라, 시린 가슴 아파오고
밤꽃사랑, 어머님 냄새, 흙냄새, 추억의 냄새, 다함께 솔바람에 실려
솔~솔 고향 냄새로 승화되어 콧등을 찡-하게 만들고
인자하고 포근하고 어머님 품속 같은 마음의 안식처가 손짓하며 부른다.

부남 체육공원, 맑은 금강 물, 널따랗고 푸른 잔디 운동장, 천연기념물,
수달, 쏘가리, 기름 쟁이, 자연 보호하는 든든한 대문바위 고향을 지키고
가재, 다슬기 음-파, 음-파, 숨을 고르면, 반딧불이 높은 곳에서 심판 보고
낮엔 젊은이들의 래프팅, 하나, 두울 신나고 즐겁게 금강물살 가르고
밤엔 별빛이 흐르는 맑고 파란 물속은, 신선이 노니는 신비로운 꿈속세상
희로애락으로 점철된 낙엽 같은 추억, 한 겹, 한 겹 벗겨져서 향수를 만들고
서로서로 사랑하고 정이 깃든, 영원한 마음의 안식처가 손짓하며 부른다.

살기 좋고, 인심 좋고, 경치 좋은, 지상 낙원, 눈에 밟히고 밟혀 눈시울을 적신다.
가고 싶고, 보고 싶은 마음은, 항상 호수 같으니 그저 눈 감을 뿐!

국화꽃 당신

피 마른 줄기에
땀방울로 적시고
피맺힌 절규 속에
뿌리는 환생 하고
한숨소리 토하며
꽃을 피웠다.

피 마른 줄기에 핀 한 송이 꽃은
향기로 깊은 상처 위로해주고
미소로 텅 빈 마음 위로해주고
인자한 얼굴 슬픈 사연 동화되고
천사 같은 마음으로 애도하면서
아름다운 꽃 청춘 시들어간다.

광안대교의 야경

다리 위에 핀 꽃
바다 위에 핀 꽃
사랑으로 핀 꽃
문화인의 불 꽃

온천지 로맨틱한
별빛, 달빛, 불빛
황홀한 예술품은
하늘아래 별천지

긍지와 감성의 빛이
영원한 예술의 빛이
행복한 시민의 혼이
원더풀 코리아 부산

기다리는 마음

봄기운을 가져올
봄비가 소록소록 내리는
어두운 밤입니다.

수선화 닮은 우리 님은
수선화처럼 청순한 얼굴로
새록새록 잠자고 있겠지요.

소곤소곤 정다운 이야기는
베개 밑에 두고 수선화처럼
순수한 마음으로 기다립니다.

고백

말 할까.
사랑한다고.

머릿속에 보이지 않는
새까만 그 소리
숨 막히는 절규

목구멍
고개를 넘어오는 소리
피 맺힌 절규

가슴을
울려오는 심장 소리
한 맺힌 절규

말 할까.
말 할까..
사랑한다고.

뒤돌아보지 않는
무심한 세월은
눈감고 가버리는데...

나의 꿈

얼음 추위를 이겨낸 인고의 정성으로
봄에는 진달래가 겨울을 문 닫고
울긋불긋 화려한 연분홍 옷으로
찬란한 참꽃 세상을 열면
미소가 구름처럼 번진다.

정성어린 인고의 날들을 보내고
새날이 오고 새봄이 오고, 새해가 오가면
새 꽃이 피어나듯이
기쁜 미소가 입을 째고 귀에 매달릴
행복한 나의 참꽃도 피어나겠지

꽃 같은 마음으로
꽃 같은 그리움으로
긴긴 세월 기다림의 미학으로
가꾼 나의 참꽃은
봉우리 터뜨리고 장곡을 울리겠지

기다려도
기다려도 오지 않는,
새봄 같은 내 꿈은
아름다운 꽃보다 아름다운
내 꿈은 언제 피어날 꺼나

나의 꽃

눈으로 본 그 꽃
너무 아름다워
입술이 지그시
인사합니다.

눈으로 본 그 꽃
너무 아름다워
코가 먼저 사알짝
정을 줍니다.

눈으로 본 그 꽃
너무 황홀하여
고이고이 참사랑
묻어둡니다.

눈으로 본 그 꽃
일편단심(一片丹心)
청량한 가슴에
피어나는 꽃으로
간직합니다.

눈으로 본 그 꽃
시들지 않는

영원한 사랑의 꽃
추억을 웃음으로
그려봅니다.

노란 가을

눈에 보이는 세상은
온통 노란 얼굴이다.

눈에 보이는 대자연은
온통 흔들리는 갈대밭이다.

눈에 보이는 노란 슬픔은
멍하니 흔들흔들 고개 젓는다.

말 못하는 안타까움으로
노란 가을은 울면서 소리친다.

멀고 먼 세월 수레바퀴 타고
떠나가는 스산한 뒷모습을 본다.

마음잡아 두지 못하는 아쉬움에
빨갛게 멍든 가슴만 탄다.

둥지

새들의 둥지는
엉성하면서도 튼튼한 보금자리
그 속에는 야무진 삶과
감사할 줄 아는 사랑도 있지요
만날 때마다 인사가
사랑해-, 고마워-

사람의 둥지는
안전하고 편리한 보금자리
여유롭게 나눌 수 있는 웃음으로
인생 최고의 가치 인격이 자라나고
언제나 서로 사랑하고 배려하면
행복이란 아름다운 꽃이 피어나지요
오늘도, 뭉게구름 같은 미소로
사랑해요-, 고마워요-

딱이야

1.마법의 미학 일요일
칭찬은 삶에
따뜻한 추임새
청량감과 신선한 용기를 준다.
어머님 말씀 딱이야

2.마음의 미학 월요일
아낌없이 주는 나무 같이
어머니 닮은 바다 같이
겸양지덕의 산 같이
아름답고 멋지게 살자
아버님 말씀 딱이야

3.용기의 미학 화요일
나도 할 수 있고
너도 할 수 있고
우리도 할 수 있고
하면 된다.
어머님 말씀 딱이야

4.인연의 미학 수요일
언제나 처음처럼
지란지교의 향기처럼

영혼의 동반자처럼
새로운 설레임으로 살자
아버님 말씀 딱이야

5. 웃음의 미학 목요일
눈엔 해맑은 미소로
입엔 빙그레 미소로
마음엔 장미꽃 미소로
누나 말씀 딱이야

6. 인내의 미학 금요일
천천히 생각하기
천천히 먹기
천천히 말과 행동하기
행동 전 세 번 생각하기
어머님 말씀 딱이야

7. 감사의 미학 토요일
좋은 음식 좋은 옷 좋은 집
고마워요 사랑해요
귀여운 내 동생
향기로운 말
딱이야!

동행

동행은 아름다운 합창입니다.
하나의 별빛은 보잘것없지만
수많은 별이 함께 내는 빛은
찬란하고 아름다운 예술입니다.
혼자 걸으면 외로운 길! (빨리 가는 길)
함께 걸으면 행복한 길! (멀리 가는 길)
서로를 다독이며 더 나은 세상을 위한
희망과 열정의 발걸음은 가뿐합니다.
아름다운 감동과 환희의 동행입니다.

교육은 아름다운 종합 예술입니다.
대전 교육 가족 여러분의 가슴에
따뜻한 사랑을 전하고,
착한 행복을 담아 드리기 위해
일념통천(一念通天)의 정신으로
큰 밭(大田))을 가꾸어 갑니다.
성공 시대를 활짝 열어 갑니다.
봄 같은 즐거운 마음으로 지혜를 기르고,
여름 같은 열정으로 덕을 기르고,
가을 같은 사랑으로 따뜻한 가슴을 기르고,
겨울 같은 기상으로 체력을 기릅니다.
가정과 국가와 인류사회에 이바지 할 수 있는
인재 육성이 행복한 동행입니다.
교육은 인생 최고의 동행입니다.

동창회 1

그리운 고향
그리운 학교
그리운 마음은
바람이 풀숲에 안기듯
모교의 품으로 안긴다.

푸른 오지랖 철들고
꿈과 진리와 기상을
단련하고 연마한 곳
신성한 배움의 전당

생각은 교정에 머물고
오순도순 금상첨화로
정겨운 선후배 한마당
아름다운 추억을 만든다.

동창회 2

그리운 고향
그리운 학교
그 그리움에 사무쳐
나뭇잎은 춤추고
바람은 장단 맞추고
꽃들도 덩달아 싱글벙글
심장이 터지도록 웃으며
어머니는 자식을 반긴다.

푸른 오지랖 철들게 하고
꿈과 낭만과 진리와 기상을
더 넓고 높게 펼치고 펼쳐
오늘의 우리를 있게 한
자랑스러운 배움의 전당
그 이름 빛나는 안천중학교

생각이 머무는 교정에 모여
솔향기 꽃향기 사람향기 속에
이런 저런 아름다운 이야기꽃
오순도순 분위기는 금상첨화
선후배 정겨운 어울림 한마당
뜻 깊고 보람 있는 추억을 만든다

제 2 장

대전사랑 노래

대전사랑 노래

미소가 봄날처럼 밀물져오고, 로맨틱한 네온불이 반짝반짝
춤추는 대전의 밤이여, 사랑 찾는 연인의 추억의 거리에는
행복 찾아 즐기는 대전 아리랑, 황기차고 웃음 꽃피는 곳에
아름다운 마음 손잡고 가고, 넘치는 멋쟁이 로맨스 거리
질서를 지키고 이웃을 사랑하는, 우리는 이웃사촌 되고
조상을 섬기고 효를 실천하는 대전 지킴이 되고
우리는 사랑의 세포로 삶이 슬프지 않고 행복이 출렁이는 건
강사회를 만들고
한마음 한뜻으로 선진질서 지키는, 모범 시민 되고
소중한 얼을 가꾸어가는, 신이 내린 영원한 축복의 대전시민
정기어린 식장산 둘레 받들어, 산산이 모두 "힐링공원"이요
주야로 흐르는 대청호 닮고, 수선화 닮은 청순한 마음으로
예술을 사랑하고 슬기롭게 살아가는, 우리는 선진 시민 되고
태양처럼 빛나는 대전불사조, 영원한 대전사랑 노래 부른다.

선물

제일
좋은 선물은
내가 보낸 선물

제일
좋은 선물은
내가 받은 선물

보내서 즐겁고
받아서 행복한
마음 담긴 선물

마음의 선물은
이 세상에서
가장 좋은 선물

단풍잎

으스스 찬바람 맞고
가냘프게 흔들릴 뿐

뚝 떨어져 이별하는 아픔과
두려움에 몸서리칠 뿐

웃고 싶어도 웃지 못하는
숨죽이는 슬픈 마음일 뿐

더 머물러 살지 못하는
안타깝고 소중한 마음일 뿐

그립고 아쉬운 먼 뒤안길로
죽고도 아니 죽는 이별일 뿐

죽고 또 죽어 소리 없이 뭉개져도
귀엽게 환생하는 일편단심뿐이다.

몽마르뜨 언덕

둥글게 감싸 안은 언덕 위
신전의 사원으로 올라가노라면
하늘 아래 세상 진풍경을 본다.

신나고 화려한 거리예술 공연
꿈이 실린 아련한 멜로디는
눈을 돌려 귓전을 울린다.

멋 부린 타로점의 선남선녀
오색실 들고 다가와서
관광객 마음을 사로잡는다.

오색실 끝에 나타난 점괘
세계인의 운명을 부르고
하루해도 덩달아 오색 꿈꾼다.

무주구천동

하늘 문을 바라보며
풍선 같은 소망을 품고
짝사랑 임들이 일편단심
찾아가는 무주구천동

넓다란 돌 멍석은
신선이 노닐던 곳
구천동 33경은
하늘이 내려준 곳
비경은 천하제일 무주구천동

구천동 흐르는 물은
은하수가 녹아내린 물
백옥수로 씻은 마음
곱고 고운 천사 되고
햇님 닮은 밝은 얼굴 무주구천동

물의 청량함에 삶의 무게 줄이는 곳
물의 진리에 삶의 진실을 찾는 곳
바위처럼 인자한 삶을 배우는 곳
아름다운 안식처 세계인의 힐링공원
꿈속에도 떠오르는 무주구천동

명곡 산장

은 소반 위에 푸성귀처럼
풋풋하고 살뜰한 터전
청풍에 간담이 녹고
삶의 숨소리 거치른
속세를 훌훌 털어내는구나!

율동하는 나뭇잎 사이로
노란 햇살 숨바꼭질하는
심심 계곡 명곡 산장
지친 발을 몽돌같이
계곡물로 위로 받으며
시간을 되감기 하는구나!

솔향기 꽃그늘 속에
한 잔, 한 잔, 다시 또 한 잔
넘치는 정은 풍류에 젖어
해가는 줄 모르고
달 토끼는 불그스레
미소 지으며 나타나는구나!

봄을 피운다

살랑살랑 꽃바람
선물 보따리
봉긋봉긋
봄을 피운다

산들산들 봄바람
신나는 종다리
도레미파 지지배배
봄을 피운다

머리카락 꽃바람
짧은치마 봄바람
눈 방아 찧으며
봄을 피운다

두 볼에 꽃바람
가슴에 봄바람
장단 맞춰 콩닥콩닥
봄을 피운다

온 세상 꽃 잔치
온 세상 봄 잔치
눈부시게 찬란한
봄을 피운다.

바다낚시

학문 연찬의 요람 충남대학교
32기 행정대학원 동기생들의
중년의 친구, 노년의 간호사
마음으로 울랄라 휘파람소리
저 먼 대천 바다를 부른다.

넓은 바다를 낚겠다고
기별도 없이 떠나는 어설픈
마음들이 프로포즈하듯
명상의 기도를 한다.

웃음으로 던져 준 미끼에
말려든 못난이에게도
동정해 줄 수 있는 딱한
위로의 말도 생각한다.

기다리는 순정을 인지하고
만나고 싶어 덥석 삼킨 입은
아름다운 인연 프러포즈로
Soul Mate가 된다.

보름달 한가위

노란 달토끼가
금방아 찧고

옥색치마 금방울 저고리
누나 닮은 얼굴

마음까지 닮고 닮아
보름달도 두 개 고운 마음도 두 배

풍선같이 부풀은 마음 싣고
웃음 날리며 달리고 달려가

온 가족이 오순도순 가슴을 열고
사랑의 향기 오색으로 물들이는 날

사랑의 크기는 보름달만큼
웃음의 크기는 한가위만큼 빛난다.

봉숭아 꽃

장독대 옆에서
아침햇살 머금고
방긋이 웃어주는
해맑은 여인네 얼굴

연약한 몸매로
장독대 지켜주는
슬픈 민족의 가련한 신세
예뻐지고 싶은 여인네 얼굴

가슴을 물들여 주는
아련한 추억을 만들고
손톱 위에 피어나는 날
첫사랑 가슴속에 백설처럼
닮아올 여인네 얼굴

빈차

빛난 이름
멋진 이름
순수한 미소 지으며
꿈을 싣고 달리는
아름다운 이름이어라.

문을 닫고
입을 닫고
순수한 미소 지으며
꿈을 싣고 달리는
아름다운 이름이어라.

눈을 열고
입을 열고
순수한 미소 지으며
거짓 없는 세상에서
사랑과 희망을 전하는
아름다운 이름이어라.

상처

아름답고,
무서운 그 이름

점 같은 작은 것이
바위덩이 같이 커지고

고요한 숨소리
거칠어지게 만들고

칼날 같이 송곳 같이
아프고 섬뜩하게 만들고

눈물의 씨앗
싹트게 한 인연

아름답고,
무서운 그 이름

식장산

소리 없는 여명의 태양을,
두 손으로 받쳐 든 동구민
위풍당당한 기개와 열정은
배부른 식장산 독수리 봉에
호랑이 같은 정기를 낳는다.

정기어린 신성한 숨소리.
귀로, 코로, 입으로, 들어와
가슴으로, 겸양과 미덕을 낳고.
불끈불끈 힘 솟는 "힐링 공원"
태양 같은 건강을 낳는다.

탄현(炭峴)의 계곡과, 숲길을
고동치는 심장소리 밟으며,
가고, 오고, 또 오고,
심장이 터져 울어 올 때까지.
오순도순 정겨운 동구민의 산사랑
눈, 비, 바람에도 행복을 낳는다.

금빛 찬란한 석양 노을은
응축된 동구민의 에너지를
식장산 정기로 승화하고
황홀한 넓은 세상을 향해,

자자손손 무운장구 빌어주는,
솜 이불속 달님은 희망을 낳는다.

*탄현 – 식장산의 삼국시대 이름

수박

피 땀으로 얼룩진 진청록 얼굴은
더위에 지쳐 자울자울 졸고 있구나!

빨갛고 설탕 같은 부드러운 속살은
꼴딱꼴딱 목구멍을 미끄럼 타는구나!

아삭아삭 사근사근 고운님은
입으로 사랑받는 청량제로구나!

시골 멋쟁이

쟁이
쟁이 멋쟁이
시골 멋쟁이

박속같이
뽀오얀 속살
시골 멋쟁이

향나무 같이 푸르고
장미같이 고운
시골 멋쟁이

빨간 넥타이
빛나는 눈동자
시골 멋쟁이

오늘도
즐거워라 노래하는
시골 멋쟁이

세월호 무상

꽃 청춘 깜깜한 바다에 묻혀도

하늘도 땅도 바다도 사람도
두 눈 뜨고 숨쉬기만 할 뿐이고

하늘도 땅도 바다도 사람도
부질없는 한숨과 눈물뿐이고

하늘도 땅도 바다도 사람도
가슴 치며, 잠시 혼절했을 뿐이고

하늘도 땅도 바다도 사람도
위연탄식(喟然歎息) 할 뿐이고

인생은 세월속의 물처럼 구름처럼
무상하고 공허한 나그네라지만
안타깝도다. 우째– 이런 일이

아! 모두가 슬프고 통탄하도다.
세월호여, 팽목항이여
꽃다운 청춘들이여!

제 3 장

사랑의 계약서

세월 1

바람처럼 구름처럼
잡히지도 않는 것이
눈뜨면 하얗게
밝은 미소 짓는다.

바다 같이 출렁거리며
나무 같은 옷을 입고
바람 같은 손길로
구름 같은 그림을
그리다가 지우고 그리다가 지우고
년년 월월 요술 부린다.

하늘 같은 호수에다
마음을 던져 허물을 씻고
해 바퀴 달 바퀴로 궁글린
뽀오얀 청무우 같은 신선들
유유자적 풍류자적 인생노래 흥겨워
쉬지 않고 저만큼 멀어져 간다.

저만큼
머얼리 있어도
소리 없는 두려운
너를 두고 허탈한

쓴웃음 짓는다.

저만큼
머얼리 있어도
가깝게 다가오는
소리 없는 총성
너를 두고 탄식하며
한숨짓는다.

세월 2

오고 가고
또 가고 오고
사랑도 마음도 모르고
무정하게 떠나가는 나그네
숨어숨어 웃고 웃는 변덕쟁이

시샘하고 질투하고
요리 비틀 저리 비틀
비틀거리는 장난꾸러기
밉고밉고 얄미운 심술쟁이

시도 때도 모르고
혼자 우는 못난이
문풍지에 매달려 부들부들
꽃잎에 매달려 파르르
세상이 두렵고 두려운 겁쟁이

푸른 산 넘어, 넘어
태양과 황홀하게 춤추면
세상은 온통 찜질방
난리난리 야단법석
봄 여름 가을, 겨울
유행을 창조하는 요술쟁이

아침마다 문안 인사드리며
싱글벙글 세상을 즐겁게 하고
몰래 사알짝 간지럼으로
풍류객 마음 히죽히죽 해놓고
웨딩드레스 입은 신부 마음으로
웃음주고 사랑받는 멋쟁이

세월 3

바람처럼 구름처럼 경주하듯 달려간다.
햇님은 즐겁다고 하하하, 입 째지게 싱글벙글
달님은 뽀얗게 화장한 숙녀의 자태로
오색향기 풍기는 일류 멋쟁이
언제나, 고장도 없이, 휴식도 없이
눈뜨면 하얗게 밝은 세상 만들고
눈감으면 머리 위에 내려앉아 잠을 잔다.

바닷물은 잔잔할 땐 푸른 미소 지으며 포옹하고
바닷물은 출렁출렁 화나면 밤낮으로 고래고래
나무들은 때때옷 입고 밤낮으로 긴 한숨
꽃바람은 한 세상 임과 함께 즐거운 춤바람
구름은 화난 화가처럼 오는지, 가는지도 모르고
세상살이 잘하도록 칭찬하고 격려하고
세월은 년년 월월 요술 부린다.

하늘 같은 호수에다
지은 허물 곱게 씻고
해 바퀴 달 바퀴로 굴려낸
뽀오얀 청무우 같은 신선인 양
유유자적 풍류자적 인생노래 부르며
쉬지 않고 저만큼 멀어져 간다.
불러도 대답 없이 무정하게 뛰어가는 청개구리

말 위에 앉아 달그림자 벗 삼아 풍류객 되어 볼까

저만큼 머얼리 있어도
반갑다고 다가와 머리에 앉는
소리 없는 심술쟁이
잡지도 못하고 막지도 못하는 너, 눈을 감고, 까만
미소 짓는다.
저만큼 머얼리 있어도
사랑한다고 다가와 머리에 앉는
소리 없는 요술쟁이
항우장사도 못 이기는 너, 그저 긴 목 빼고 탄식할
뿐이다.

사랑의 계약서 1

우리 님의 동그란 꽃밭에는
순수하고 감미로운 사랑이 피어나고
송이송이 정다운 사랑이 피어나고
꽃보다 아름다운 사랑이 피어나고
사랑은 마음에서 피어나는
가장 아름다운 꽃

우리 님의 널따란 꽃밭에는
진실한 사랑이 피어나고
향기로운 사랑이 피어나고
기적 같은 천사의 사랑이 피어나고
무지갯빛 황홀한 사랑이 피어나고
사랑은 마음에서 피어나는
가장 아름다운 꽃

우리 둘이 하나 되고
나눌 수 없는 한 몸 되고
나눌 수 없는 한마음 되고
천생연분, 영혼의 동반자 된다

두리두리 단둘이서
희망을 노래할 청춘계약서
청춘을 꽃피울 행복계약서

희로애락 엮어갈 인생계약서
이 세상 함께할 사랑의 계약서

사랑의 계약서 2

새하얀 종이에 영롱하게 새겨진
새하얀 종이에 주옥같이 새겨진

둘이서 사랑할 애틋한 사연들
이세상 함께할 영원한 사연들

보고 또 보고 열 백번 생각해도
보고 또 보고 열 백번 다짐해도

청순한 마음이 샘솟는 그 사람
달콤한 행복이 샘솟는 그 사람

내 청춘 꽃피울 사랑의 계약서
내 인생 밝혀줄 사랑의 계약서

이 세상 함께할 사랑의 계약서
이 세상 함께할 사랑의 계약서

사랑의 계약서 3

새하얀 종이에 영롱하게 새겨논
둘이서 사랑할 애틋한 사연들을
보고 또 보고 열 백번 생각해도
사람의 향기 묻어나는 당신과
나눌 수 없는 한 몸 되고
청순한 마음이 샘솟는 당신과
희망을 설계한 행복 계약서
청춘을 꽃피울 사랑의 계약서
이 세상 함께할 사랑의 계약서

새하얀 종이에 주옥같이 새겨논
둘이서 함께할 행복한 사연들을
보고 또 보고 열 백번 다짐해도
사랑의 진실이 묻어나는 당신과
나눌 수 없는 한 마음 되고
달콤한 행복이 샘솟는 당신과
희로애락 설계한 인생 계약서
인생을 꽃피울 사랑의 계약서
이 세상 함께할 사랑의 계약서

사랑의 크기

사랑의 크기는
마음의 거리에 비례한다
마음이 멀리 있으면 사랑이 적고
마음이 가까이 있으면 큰 사랑이다.
사랑의 크기는
마음의 크기에 비례한다.
정성이 적으면 작은 사랑이고
정성이 많으면 큰 사랑이다.
감동이 적으면 박수소리가 작고
감동이 크면 박수소리가 크다.

사랑의 크기는
웃음의 크기에 비례한다.
적게 웃으면 작은 사랑이고
많이 웃으면 큰 사랑이다.
웃음의 크기는
건강의 크기에 비례한다.
건강을 잃으면 적게 웃고
건강하면 많이 웃는다.
웃음은 행복을 낳는다.
적게 웃으면 작은 행복을 낳고
많이 웃으면 큰 행복을 낳는다.
행복은 아주 큰 사랑이다.

詩

밤하늘의 별이 반짝이듯
영롱하고 아름답게 빛납니다.
흰 눈이 내리듯 예쁜 언어가 착륙하고
찬란하고 황홀한 꽃들이 피어나듯
곱고 향기로운 언어가 피어나고
샘물처럼 지혜로운 생각과 소중한 마음이
아름답게 솟아납니다.

오감을 자극하는 언어가 주룩주룩
단비처럼 내려와 세상을 밝게 웃음 짓고
어여쁘고 상큼한 언어는 새 비단 폭에서
금 구슬 옥구슬처럼 생동감 있게 구르고
인생의 희로애락이 감성의 언어 예술로
빛나게 태어납니다.
식칼을 들고 고기를 자르는 레스토랑 같고
에메랄드 수정 같은 청순한 결정체입니다.
인간을 위로하고 치유하는 예술로
마법 같은 감동을 주는 영혼입니다.

인천 아시안 게임

– 제17회 인천아시안게임 축시(2014.9.19.금)

평화의 숨결, 아시아의 미래! 라는
슬로건으로 평화의 제전이 열리고

정정 당당한 스포츠맨쉽으로
아시아의 별들이 인천에서 날고

그동안 흘린 땀과 노력은 동등하게
金요일부터 金銀銅으로 나타나고

아시아인의 화합의 노래로
공존하는 세상이 열리고

아시아인의 벅찬 감동으로
담대한 희망이 열리고

아시아인의 하나 된 기쁨에
겸허한 마음이 열린다.

하늘이 주신 호생지덕과
땅이 주신 상생지덕으로
사람이 주는 인화지덕은

질서 속에 전진하고
친절 속에 사랑하며
미소로 꽃핀 인류애는

축복의 한마음 되고
영광의 한마음 되고
동반자의 한마당 되어
평화로 번영하는 아시아 된다.

웃음

사랑으로 피어나는 꽃같은 얼굴
가슴에서 피어나는 꽃같은 얼굴

기분 좋은 웃음은
집안을 환하게 비추는 햇빛 같고
기분 좋은 웃음은
목마른 대지를 적시는 단비 같고
기분 좋은 웃음은 비단 바람처럼
살랑살랑 가슴 스며드는 청량제 같다.

향기로운 마음의
기분 좋은 웃음은
마음을 살찌우는 보약 같고
혈관 속을 달리기하는 산소 같다.

꽃보다 더 황홀한 함박꽃
송이송이 인자하게 피는 꽃
아름답게 빛나는 사랑의 꽃

접착제

인간은 누구나
장점도 있고 단점도 있다.
장점을 어디서 어떻게 찾을까?
찾지 않거나 찾지 못하거나
찾고 알아도 칭찬을 하지 않으면
장점도 찔레꽃 같은 가시덤불이다.

인간이 삶에서
미소와 감동으로 마음을 붙이는
제일 좋은 접착제는 칭찬이다.
구체적으로 칭찬하면
아름다운 용기가 샘물처럼 솟아난다.

삶에 추임새는 칭찬이요
돈 주고 사지 않아도 제일 값진 보물이고
칭찬이란 접착제는 떨어지지 않는
무궁 무궁한 마음의 선물이다.

바둑은 인생

못자리에 새싹을 기르듯
어린 싹을 잘 길러서
매너도 일등인 신사요
2분법적인 흑백 논리도 준수하며
신선의 경지에서 인생철학이 흐르고
격언도 존중하며 19줄*19줄 361점에
전략전술을 세우고
아생 연후에 살타라 마음도 비우고
나를 알고 적을 알면 위태롭지 않다는
손자병법도 새겨놓고 실수 없고
후회 없는 선의의 경쟁 한판승부는
반상의 대결로 불꽃이 튀어 오른다.

눈은 상념에 젖고 사려 깊은 한 수
한 수 연속된 수읽기 지략대결이
펼쳐지고 묘수 속에 승리의 화신이
나타나면 환희와 박수를 보낸다.
패자의 깨끗한 승복 자세는
미의 수호신이요
승자의 겸손한 인사는 종교인을 닮은 듯
세인에게 자랑 할 잘 익은 알곡이다.
배려하고 격려하고 겸손해하는 예절은
바둑판 위의 '鳥鷺' 신선한 향기가 피어오른다.

허수아비

허수아비
하품소리에도
사랑받고
칭찬받는
행복이 있다.

허수아비
하품소리에도
탄식이 있고
기도가 있다.

허수아비
하품소리에도
뚝심이 있고
건강이 있다.

허수아비
하품소리에도
흐르는 세월의
진면목이 있다.

해운대

철썩철썩 쏴―
파도소리 자장가
밀려오는 물보라
불타오르는 동백섬
로맨틱한 해운대

금모래 반짝 거리는
백사장 비단길을
시원한 눈길 걷듯
행복한 미소 보듬고 걷는
로맨틱한 해운대

옥구슬 반짝반짝 빛나는
앞바다 푸른 갈맷길을
가뿐가뿐 손잡고 가는
청춘의 꽃사랑
로맨틱한 해운대

별빛은 은하수 건너오고
사랑은 광안대교 건너고
해운대 불빛은 주렁주렁

주렁주렁 추억이 열리고
주렁주렁 행복이 열리고
웰빙의 빛으로 힐링의 빛으로
황홀한 향기가 홀씨처럼 날리는
로맨틱한 해운대 럭키월드 부산

북극

눈이
부시도록
새하얗게 빛나는
황홀한 얼굴은
백옥의 세상이다.

수억만 년
지켜온 고향을
태양 밑에 숨어 살며
망각한 세월을 회상하고
문득 문득 떠오르는 향수로
숨죽이며 왕방울눈물 흘린다.

얼굴 씻은 백옥
청옥이 되고
에메랄드빛으로
세월 속에 흐른다.

제 4 장

삶의 추임새

꿈의 크기

웃음도 자라고
사랑도 자라고
행복도 자라고
모두다 키가 큽니다.

생각의 크기가
조금 다른 것이
꿈의 크기입니다.

조금 더 웃으며
조금 더 사랑하고
조금 더 행복한 일을 만들면
사회가 밝은 등불로 빛납니다.

홍도유치원 원가

해바라기 꽃님들이 간식을 먹고
산토끼 노래하며 점심을 먹네
노래는 즐겁고 마음을 살찌고
무럭무럭 자라나는 푸른 꿈나무
정성으로 자라나는 홍도 어린이
세상으로 피어나는 홍도 어린이

울림

사랑일까
열정일까

참다못해
제 스스로 열어젖힌 가슴

붉은 주머니
빨간 구슬

사랑일까
열정일까

선풍기

오늘도 묵묵히 외로움을 달래고
아름다운 미소로 여름을 이기며
청량제 같은 새바람만 선물하는
존경받고 사랑받는 귀염둥이

인고의 세월 천직이 도는 것
몸과 마음 다 받쳐 봉사하고
주인님을 향한 일편단심으로
더위참고 바람 주는 귀염둥이

슬프고 괴로워도 말 못하고
무덥고 힘들어도 화 못 내고
세상살이는 언제나 수레바퀴
세상의 번민도 바람에 날리며
바람 주고 칭찬받는 귀염둥이

사랑의 길

오늘도 간다
약속의 길을
가고 싶은 길을
가기 싫은 길을
부르지 않는 그 길을
오늘도 길을 간다

천국의 길, 약속의 길은
솜사탕 같은 행복의 길
탄탄대로 같은 가고 싶은 길은
언제나 하얀 마음이 따르는 길

고통의 길, 가기 싫은 길
슬픔으로 얼룩진 불행의 길
한숨 섞인 어두운 가시밭길
언제나 검은 마음이 따르는 길

그리움 따라 가는 길은 기다림의 길
누가 부르지 않아도 달려가는 길
간장을 녹여 내는듯한 슬픔도 함께
장미꽃 같은 빨간 울분도 함께
찔레꽃 같은 한숨소리도 함께
피 맺힌 절규도 함께

병아리, 개나리 같은 웃음도 함께
콩알만 한 축복을 드리고픈
감동의 아름다운 그 길에는
오늘도 소리 없는 총성이 울린다.

삶의 추임새

1. 농부마음
잘 먹는구나 보기 좋다
날마다 크는구나!
무럭무럭 잘 자라야지
나의 재산 1호야
사랑해, 고마워

2. 선생님 마음
무럭무럭 튼튼하게 자라야지
훌륭한 사람 될 거야
잘했어
너는 할 수 있어
역시 넌 잘해
사랑해, 고마워

3. 어머니 마음
우리 아들 최고야
언제나 사랑해
참 자랑스러워
나의 보물이지
사랑해, 고마워

4. 부부마음

당신이 최고야
당신과 있으면 기분이 좋아
나이는 숫자에 불과해
우리는 천생연분

웃을 수 있는 동물은 인간뿐!
날마다 행복한 웃음 날리며
사랑해, 고마워

세파의 벽

1. 초심
마음에 새겨놓은
점 같은 글자
점심 먹듯 잊혀지는
작심삼일 되는 마음이다

2. 열심
힘든 일은 싫어요
어려운 일도 싫어요
하기 싫은 일도 싫어요
귀 울리는 소리다

3. 뒷심
힘없는 다리
힘 빠진 가슴
풍선 같은 머리
절름발이 인생이다

4. 뚝심
팔 다리의 힘
어깨의 힘
온몸의 용기
뚝심은 세파의 벽을 넘는다.

옥수수

길쭉길쭉한 껍질을 한 겹 한 겹 벗기면
하이얀 우유 빛 사랑이 보인다
할머니 옥수수는 약간 덜 익은 옥수수
엄마 옥수수는 오동통한 옥수수
내가 좋아하는 옥수수는 찰옥수수
동생은 알맞게 잘 익은 옥수수
솥에다 삶으면 구수한 할머니
냄새가 코를 찌른다

옥수수 하모니카
누가 누가 잘 부나
도레미파~ 울림은 없어도
맛있는 여름이 즐겁다

별빛이 쏟아지는 여름 밤
옥수수수염으로 분장을 하고
온 가족이 오순도순 정겨운
하모니카 연주회가 열리고
온 가족의 흥겨운 노래로
행복한 여름날이 즐겁다.

어머니

눈에 밟혀오는 그리운 사람
옥녀봉 약수는 퐁퐁퐁 변함없건만
약수암 빈자리에 쌓이는 그리움
밀물져 눈시울을 적시고
코끝에서 가슴까지 찡한
전율은 목이 멥니다

못 다한 우리들의 사랑과
갚을 수 없는 애처로운 희생은
서리서리 맺힌 눈물 되고
알뜰살뜰 꾸미고 가꾼 터전은
자자손손 이어갈 유산입니다

당신과 함께할 사랑과 소통은
아름다운 희망 '공수 메시지'
세상에서 가장 아름다운 이름
영원한 사랑 노래 불러봅니다.

약수암

예술의 혼을 품은
정기어린 옥녀봉
그 둘레 받들어
수려한 봉우리들
은밀히 갖춘 터전
짐작이나 했던가

조강자 혜안의
산신 도사님이
꿰뚫어 한눈에
천년을 벗겨내고
지성과 희생으로
꾸며놓은 새 도량

옥여봉 가슴에서
내리는 청정약수
약으로 보시하고
중생의 건강한
심신을 위로하는
안식처 약수암

원단元旦

눈부시게 황홀한
순정의 얼굴
환희의 얼굴
희망의 얼굴
평화의 얼굴
생명의 얼굴
감사의 얼굴로
보석처럼 찬란히 빛나는구나!

아롱다롱 오색의
무지개 타고
한달음으로 달리어
반가이 찾아 왔구나!

시간, 기다림, 설레임
푸른 꿈으로 감동 주려
생활 속에 단비처럼
찾아 왔구나!

참 좋은 사람들이
一念通天 창조 정신으로
소중하게 보내게 되는
시간들이 축복인 행복을
찾아서 왔구나!

인생

탯줄을
긴 울음으로 끊고
여명을 여나니

태초의 울음과
태초의 웃음이
인간만사 새옹지마에도
기적과 낭만을 만들었나니

울면서 태어나
행복한 추억을 남기고
세상만사 모두 잊고
웃으면서 아직 하나니.

진달래 사랑

구슬픈 두견이 울음소리
진달래 아가씨 시름소리
봄비에 소리 없이 젖어들고
봉긋한 가슴 진달래 아가씨
태양을 윙크하며 미소 짓는다

그리운 두견이
보고 싶은 햇님
나를 사랑한다면
언제라도 좋아요
사랑 사랑 내 사랑 진달래 사랑
사랑에 도취되어 노래 부른다

사랑하는 두견이
정열의 태양
진달래 아가씨
가슴이 터지도록 보고파도
사랑한다 말 못하고 가슴만 태운다

사랑한다
보고 싶다
말하기도전에
찢어지고 터진 가슴

곱고 고운 미소가 되었다

밤에는 두견이사랑
낮에는 햇님 사랑
방긋방긋 연분홍 미소
옹기종기 능선에 모여
짝사랑한다.

향수 1

가을 하늘 더욱 푸르러 기분 좋은 날
코스모스 두 귀 쫑긋 세우고 앞 다투어
입맞춤하는 향기로운 고향 눈에 밟히는구나!

태고의 신비 간직한 금강은 부남을 휘돌고
불빛이 흐르고 신선이 노닐던 금강 래프팅
물살 가르며 젊음의 열기 녹아나는구나!

부남체육공원은 순박한 사람들의 열정이 숨쉬고
대문바위 소나무는 반딧불이 재롱에 청춘이 되고
가로수 둥근 감은 고향 햇살로 수줍게 익어가고
밭가에 누렁 소는 지그시 세월을 곱씹는구나!

옥녀봉 약수 물소리 고요와 적막의 고향집을 지키고
붉은 고추 가을을 익히시던 어머님은 보이지 않고
마당 가득 그리움만 쌓이는구나!

향수 2

대문바위 윙크하면
수려한 경관들 마음 들떠
나뭇잎은 춤추고
시냇물은 노래하고
바람은 장단 맞추고
꽃들은 미소 짓고 소곤소곤
눈을 감아도 눈에 밟히고 밟힌다

선녀가 먹던 옥녀봉 약수
지식이 쌓인 지장산, 지혜롭게 거듭나고
반딧불이 불빛에 가재 다슬기 힘 겨루고
레프팅 으~샤, 으~샤 금강 물살 가르고
별빛이 흐르는 강물은 신선이 노니는 곳
눈을 감아도 눈에 밟히고 밟힌다

복을 나누고 건강을 섬기고
정성을 받들고 은혜를 베풀고
감동을 선사하며 오순도순 참사랑
햇님 달님도 부러워하는 천사의 고장
눈을 감아도 눈에 밟히고 밟힌다.

호박

둥글넓적한 잎
영롱한 이슬 먹고
무지갯빛 햇살 먹고
주인님의 정성으로
한세상 사랑받고 산다

해가 뜨면 해보고
달이 뜨면 달보고
비가 오면 비 맞고
바람 불면 바람맞고
좋아도 내 팔자 싫어도 내 팔자
한세상 운명대로 산다

소낙비에 젖은 얼굴
햇님이 포옹해주고
포근한 달님 자장가에
시름 병마 세상사 모두 잊고
먹고 놀고 먹고 자고
한세상 배불뚝이로 산다

둥글둥글 둥근 것이
땅바닥에 편안히 앉아
행복한 내일을 생각하며

돌고 도는 물레방아처럼
한세상 꿈속에서 산다

불쌍한 백수 신세 한탄하며
밤마다 하늘보고 힘자랑하다
커지고 노래지고 단단해지고
울퉁불퉁 늙은 몸매 되도록
한세상 앉은뱅이로 산다

소낙비 설움은 관용을 베풀고
무더위 고통은 오기로 버티고
쌩쌩 부는 바람엔 귀 막고
달빛 밝으면 지그시 눈감고
한세상 인내하며 산다

세월의 상처 깊은 주름 남기고
인고의 슬픈 추억 가슴 솟구쳐
위연탄식喟然歎息 귀에 쟁쟁
세상살이 상처 없고
실패 없는 사람 어디 있으랴!
아픈 추억 텅 빈 마음으로
한세상 비우고 산다

젊어서도 선택받고
늙어서도 선택받고
작아도 좋고 못생겨도 좋고
만져보고 마음 주고
안아주고 눈 맞추고
한세상 귀염 받고 산다.

지푸라기

소리도 나지 않는
지푸라기는
보잘 것 없지요
사랑도 받지 못하는
지푸라기는
새끼로 변하고
동아줄도 만들지요

사랑받는 지푸라기는
마음으로 따뜻이 잡아주고
동아줄에는 매달리기도 하고
지푸라기 속에는 인생의
오묘한 진리가 숨어 있어요.

제 5 장

진안으로 가는 길

진안이 부른다

하늘이 부르는 곳
물은 휘돌고
하늘이 품은 길 꿈속의 길
마음의 길 두 발길
발길은 절로절로
너도 절로 나도 절로
진안으로 가는 발길

하늘이 닿은 땅
산신의 정기어린 마이산
신선의 명약 불로초 인삼
자연의 영혼이 담긴 용담호
자연의 뼈와 용신의 기상으로
신선이 청풍 속에 노니는 곳
산태극수태극의 명당
럭키월드 진안
호수 닮은 사람들이
진안으로 가는 발길

안개 부푼 용담호에
고즈넉한 저녁노을처럼
청춘별곡 사랑으로 피어나는 곳
단짝의 꿈이 이루어지는 곳

뭉게구름 같은 희망으로
한국인의 고향 찾듯
진안으로 가는 발길

진안 아리랑

진순이, 용남이의 청춘별곡
나누어지지 않는 한마음으로
나눌 수 없는 한 몸 되어
정기어린 신성한 용꿈은
마이산 비단 폭에 잠들고
영원한 꽃 청춘 불로초 사랑
꿈속에도 그리는 진안사랑

아, 아, 아!~진안 아리랑
아, 아, 아!~진안 아리랑
*사랑이 꽃피는 청춘별곡

진안은 명당明堂

햇살가득 보듬어 피어난
꽃들의 황홀한 향연은
향기로운 미소로 빛나고
산태극수태극을 휘돌면
지수화풍 자연이 빚어낸
신비의 풍광은 아련한
추억의 파노라마
진안은 명당明堂

견우직녀도 부러워할
별빛같이 신비로운 청춘사업도
용꿈으로 잉태되고
삶의 무게 느끼지 못하는
지상의 파라다이스 진안鎭安
세상에서 제일 편안한
진안은 명당明堂

진안으로 가는 길

하늘이 부르는 곳
마이산 정기 찾아
진안으로 가는 길
마음의 길 두 발길
발길은 절로절로
너도 절로 나도 절로
진안으로 가는 길

*돌아돌아 진안으로 가는 길
  아리아리 진안으로 가는 길

하늘이 닿은 땅
자연의 영혼 찾아
진안으로 가는 길
마음의 길 두 발길
발길은 절로절로
너도 절로 나도 절로
진안으로 가는 길

인생 최종 목적지

인생의 최종 목적지는
성공한 행복이고
여행의 최종 목적지도
안전하고 즐거운 행복이고
행복의 최종 목적지는
입 귀 걸린 웃음이고
웃음의 최종 목적지는
아름다운 사랑이고
사랑의 최종 목적지는
예쁜 행복이고
인생의 최종 목적지도
기쁨이 가득한 행복이다.

해운대의 야경

해운대 앞 바다에
밤하늘을 옮겨 놓은 듯
황홀한 탄성으로 피어난
성스런 문화인의 불꽃
부산 시민의 혼불

온천지 로맨틱한
달빛 별빛 불빛의
휘황찬란한 장관은
하늘 아래 별천지
부산 시민의 휠링 캠프

감성의 빛이요
지성의 빛이요
예술의 빛이요
사랑의 빛이요
행복의 빛이요
영원한 불멸의 혼불
원더풀 코리아 부산

칠연계곡

솔내음 진동하는 칠연계곡에
수탉같이 목을 빼들고 눈 맞춘
칠연폭포는 녹슨 인생에
음악처럼 행복한 청량제로 나타나는구나!

칠연 폭포수 굴러내려
발등을 간지르며 돌돌돌
시원함이 뼛속까지 스며들어
감각 없는 바위처럼 세월을 망각하는구나!

수려한 경관과 명경 같은 물
신선이 별빛타고 노니는 곳
영혼의 동반자와 청정한
에너지로 충전한 발걸음
가뿐가뿐 가볍구나!

청춘 개구리

개굴개굴 개구리
청춘 개구리
개구리 합창에 봄날은 간다

거울보고 화장하는
청춘 개구리
개구리 합창에 봄날은 간다

뛰고 뛰어도 우물 안
세상 못 본 청춘 개구리
개구리 합창에 봄날은 간다

웃다 울다 속 타는 심정
청춘 개구리
개구리 합창에 봄날은 간다

멋내보고 품 내봐도
앞 못 보는 청춘 개구리
개구리 합창에 봄날은 간다.

추억 1

그리움은
사뿐사뿐
뜨는 나그네

소리 없이 뜨고
날개 없이 뜨고
눈에 밟혀 뜨는
오색 무지개

콧등에
가슴에
사뿐사뿐
뜨는 무지개

시원한 눈망울에
무거운 돌망울에
사뿐사뿐
뜨는 무지개

추억 2

뒷동산 잔디에서 미끄럼 타고 진달래 따먹고
냇물에 멱 감으며 몰래 숨긴 옷 찾아보고
돌팔매질, 힘자랑, 수제비 뜨기, 때기 치기
딱지치기, 자치기, 팽이치기, 제기차기
숨죽이며 물고기 잡고, 개똥벌레 불 밝힌
밤에는 별을 헤고, 허수아비와 함께 참새 쫓고
메뚜기 잡고, 홍시 따먹고, 알밤 줍고
눈사람 만들고, 썰매 타고 시린 발 동동
구르던 모습들이 아스라이 떠오르면 가슴은
풍선처럼 부풀고 생각은 푸른 하늘이 된다

웃고 지내던 다정한 얼굴이 하나 둘씩
필름 위를 맴돌면 상념에 젖고 코끝이 찡해온다
술래잡기놀이, 이름 불러 찾고
소리 지르고 즐겁게 노래 부르던 그리운 목소리
쟁쟁하고 간지럽게 귓전을 울리면
눈시울은 어느새 촉촉이 젖어 들고
정든 고향이 아른아른 눈에 밟혀온다

정자나무 그늘에 자판놀이, 공기놀이로 더위 식히
고
해마다 매미 잠자리 나비 곤충채집
식물채집은 방학숙제로 쌓였던 걱정거리다

그리움은 또한 그리움을 낳아 뭉클뭉클 마음 설레인 하얀
밤이 된다
아린 가슴에 멍울져 온다.
창밖에 주룩주룩 내리는 빗소리는
귀에 익은 소리다
오늘 따라 세차게 들려오는 빗소리도 정겹다.

촛불

연민과 사랑의 등불이고
주권을 밝히는 등불이고
생명을 밝히는 등불이고
행동하는 양심의 등불이고
세상을 밝히는 등불입니다

꿈과 희망으로 피어나고
간절한 기도로 피어나고
축복의 함성으로 피어나고
들꽃같이 송송이 피어나고
한마음 한뜻으로 피어납니다

소원은 영혼으로 승화되고
꺼지지 않는 영혼으로 승화되고
초롱초롱한 영혼의 예술로 승화되고
무지개처럼 꿈속의 하늘로 승화되고
영혼불멸의 별빛같이 승화됩니다.

피서

날씨도 변하고
세태도 변하고
용광로 같은 더위를 피해
너도나도 떠나는 풍속도다

좋은 날 소망을 찾아
삶의 경쟁을 뒤로하고
계곡으로, 강으로, 바다로
생명의 오묘한 물소기 찾아
버거운 삶을 위로 받는다

물속에 담근 발등에서
생의 진실을 만나기도 한다
욕심도 씻고 마음도 씻고
세월도 씻으며 둥글둥글
진한 삶의 활력소를 찾는다.

하루

어둑어둑 어스 럼 새벽빛에
새 옷 갈아입고
푸른 미소 지으며 길을 나서면
온 세상 오늘이 맑게 열린다

인간, 자연, 동물, 식물, 생물, 무생물까지
소중한 선물 24시간을 선사하고
아침, 점심, 저녁 온 종일 다정한 친구가 된다

심장을 울리는 소리 똑딱 똑딱
아침 먹고 만져 주고 눈에 담고
오전에도 똑딱 똑딱 동네 한 바퀴
점심 먹고 바라보고 마음에 담고
오후에도 똑딱 똑딱 동네 한 바퀴
언제나 똑딱 똑딱 하루 두 바퀴
24시간 봉사를 천직으로 알고 산다

귀여운 사랑받고 동고동락하면서
오늘, 어제, 내일을 추억으로 잉태하고
신뢰와 사랑받는 만인의 연인으로 산다.

종이

오늘도
종이컵 쓰고
휴지 닦고
종이서류 쓰고
벽지 바르고
물건 담고
오늘도, 내일도 쓴다.

나무가
종이 되는 것을
야! 한심한 인간들아
너희들은 아느냐?
나무가 목숨을 베면
아프다고 울부짖고,
내 목숨 살려내라고
땅을 치며 통곡한다.

종이 없이
살 수 없는
대한민국의 미래
인류의 미래
소비의 불가역성이다.

청소 하는 날

청소 하는 날은 청소 도구 가지고
사람들이 모여들고
이리저리 이곳저곳
분주하고 어수선하다.

청소 하는 날은 강산도 입 벌리고
웃는 날이다.
유유자적 풍류자적
노래 부른다.

사람들도 마음을 자주 청소 하고
대청소 하는 날이
있었으면 좋겠다.

마음속을 털고
마음속을 쓸고
마음속을 닦고
마음속을 비우면

상쾌하고 선한 마음으로
남을 칭찬하고
이해하고, 배려하고
소통하고
함박웃음 넘치는
아름다운 세상 된다.

그리움

발도 없고 날개도 없이
살포시 날아와
눈 속에서
귓속에서
가슴 속에서
여행자처럼 헤매인다.

추억은
꽃잎처럼 사랑스럽게
단풍잎처럼 오색으로
바람처럼 하염없이
구름처럼 세월없이
파도처럼 밀려들어
시도 때도 없이
눈 속에서 아른거린다.

슬픔도 주고
한숨도 주고
눈물도 주고
기쁨도 주고
웃음도 주고
행복도 주며
점철된 희로애락으로
밀물처럼 밀려드는
소리 없는 아우성이다.

꽃을 보는 마음

봉긋봉긋 꽃봉오리 미의 여신
시샘하는 심술보 간지럼 주고
안아주고 흔들흔들 흔들어주고
한들한들 춤 솜씨로 유혹도 하고
온갖 추태에 히스테리뿐인 노처녀
붉은 히야신스 향기 맡고 밤을 지샌다

애교와 애정 공세에 미혹되어
마음열고 부스스 기지개 켜고
천사 같은 입으로 하품을 하면
시나브로 벌어지며 피를 토한다

춤추고 노래하며 빨고 핥고
애절한 사랑 공세 성추행에
째진 입 모두 벌리고 울긋불긋
오색찬란한 꽃동산을 이룬다

사랑에 눈뜬장님 세상구경
함박웃음 날리며 춤추고
사랑에 도취되어 싱글벙글
오묘하고 신비한 꿈속에서 산다

천사들의 신비한 꿈속에는
천사 같은 마음의 경쟁 철학을
찬란하고 아름다운 신사 모습을
사계절 피워내는 열정과 인내력을
신비한 꿈속에는 호수 같은 마음이 있다.

축사

몸의 언어로 많은 공감을 얻기를

임 수 홍
(주간 한국문학신문 발행인)

빈봉완 시인의 두 번째 시집『영원한 향기』출판을 진심으로 축하드립니다. 빈봉완 시인의 시집『영원한 향기』는 그동안 빈 시인이 살아오면서 느낀 인생의 희 · 노 · 애 · 락을 시적으로 표현한 자서전 같은 의미를 지니고 있습니다.

영국의 계관시인 워드워즈가 18C 초 서정시집을 내면서 그 서문에서 '시인이란 무엇인가?' 라는 화두에 대해서 언급하였는데. '시란 결국 남에게 하는 얘기이다. 다만 남에게 명확하고 힘 있게 말할 수 있는 능력을 가진 사람이 시인이다.'라고 결론을 내렸습니다.

쉽게 말하면 시인하고 보통사람이 다른 점은, 보통사람은 남에게 명확한 의사 전달을 할 수 없다는 것이며 여기서 '명확하다'는 말은 '간단하고 짧게'라는 뉘앙스가 깃들어 있음을 의미합니다.

요즘 고은 원로시인도 시를 알기 쉽게 쓰자고 말합니다. 빈봉완 시인의 시는 우리가 살면서 몸에 체험하고 체득한 몸의 언어로 독자들에게 많은 공감을 얻으리라 믿습니다.

앞으로 제3의 시집이 빨리 세상에 나와 독자들에게 감동을 선물하기 바라면서 다시 한 번 제2시집 출판을 축하드립니다.

영혼과 마음의 표현

효천 이정윤
(국보문학작가협회 회장.코리아시낭송작가협회 회장
대전보건대학교 평생교육원 시낭송과성공스피치 교수. 시인)

시는 시인의 영혼과 마음의 표현이다.

시는 우리네 삶을 노래하고 자연을 노래하고 사랑을 노래한다.

특히 빈봉완 시인의 시는 개구쟁이 소년의 마음을 담은 순수한 시로 맑고 깨끗한 단어들이 끊임없이 샘솟고 있다.

앞으로도 향기 가득한 시집을 기대해본다.

작품해설

그리움과 사랑학의 서정적 진실

– 빈봉완 시집『영원한 향기』

김 송 배
(시인 · 한국문인협회 부이사장)

1. '나의 꿈'과 시간성 혹은 세월의 정취

현대시에 나타나는 '나'는 나의 이상향을 꿈꾸는 영원한 방랑자인가. 마치 자신이 천선(天仙)이라도 될 것 같은 원대한 포부(抱負)를 실현하려는 꿈속에서 살아가는 시인들을 많이 만날 수 있어서 시의 세계는 곧 '나'를 별천지로 안내하거나 스스로 방황의 길을 떠나는 자유의 경지를 흡인(吸引)할 수 있게 한다.

일찍이 우리의 문인 이광수는 그의 「문학평론」에서 '시는 그 시인의 고백이다. 신 앞에서 하는 속임 없는 고백이다. 구약에 시편만이 아니라 무릇 시는 시인의 심정 토로다. 시인은 시에서 거짓말을 해서는 아니된다. 그것은 신을 기만하는 것이다.' 라는 언지로 시와 '나'와의 관계를 정립한 바가 있다.

이는 현대시에 그 시인의 고백적인 요소가 다분히 내포(內包)되어 있음을 암시하고 있다. 시인은 어쩔 수 없이 자신의 체험을 토대로 시적 발상을 하거나 이미지를 창출하는 특성을 가지고 있기 때문에 자신의 넋두리까지도 시적 형상화가 가능하다는 보편적인 사유(思惟)에 기초하여 창작을 하고 있기 때문이다.

여기 빈봉완 시인이 상재하는 두 번째 시집『영원한 향기』의 원고를 일별하면서 이러한 '나'에 관한 집념이 바로 그 자신이라는 위험한 단정을 하게 되면서 그의 시세계를 살펴보게 한다.

얼음 추위를 이겨낸 인고의 정성으로
봄에는 진달래가 겨울을 문 닫고
울긋불긋 화려한 연분홍 옷으로
찬란한 참꽃 세상을 열면
미소가 구름처럼 번진다.

정성어린 인고의 날들을 보내고
새날이 오고 새봄이 오고, 새해가 오가면
새 꽃이 피어나듯이
기쁜 미소가 입을 째고 귀에 매달릴
행복한 나의 참꽃도 피어나겠지

꽃 같은 마음으로
꽃 같은 그리움으로
긴긴 세월 기다림의 미학으로
가꾼 나의 참꽃은

봉우리 터뜨리고 장곡을 울리겠지

기다려도
기다려도 오지 않는,
새봄 같은 내 꿈은
아름다운 꽃보다 아름다운
내 꿈은 언제 피어날꺼나

—「나의 꿈」 전문

먼저 이 작품에서 읽을 수 있는 것은 '나'라는 화자(話者)가 빈봉완 시인 자신일 수도 있다는 단정이 가능한 것은 '나의 꿈'이라는 제목에서부터 결론으로 제시한 '기다려도 / 기다려도 오지 않는, / 새봄 같은 내 꿈은 / 아름다운 꽃보다 아름다운 / 내 꿈은 언제 피어날꺼나'까지 자신의 소망을 적시(摘示)한 그의 진실임을 이해할 수 있기 때문이다.

빈봉완 시인은 다시 '새 꽃이 피어나듯이 / 기쁜 미소가 입을 째고 귀에 매달릴 / 행복한 나의 참꽃도 피어나겠지'라거나 '긴긴 세월 기다림의 미학으로 / 가꾼 나의 참꽃은 / 봉우리 터뜨리고 장곡을 울리겠지'라는 어조(語調)에서 알 수 있듯이 그는 '........겠지'라는 예감의 언어로 자신의 내면을 보여주고 있다.

이러한 특징은 그가 시적으로 실현하려는 이상(理想) 세계의 진정한 여망(輿望)으로서 그가 구현하려는 자아의 인식이며 한생을 통해서 성취해야할 좌우명(座右銘)이라고 할 수 있다.

그는 이러한 꿈도 시간성과 연계(連繫)해서 시적으로 형상화하는데 특히 계절 감각에 민감하다. 작품 「노란 가을」에서

'멀고 먼 세월 수레바퀴 타고 / 떠나가는 스산한 뒷모습을 본다. // 마음잡아 두지 못하는 아쉬움에 / 빨갛게 멍든 가슴만 탄다.'라거나 작품 「세월 1」에서 '저만큼 / 머얼리 있어도 / 가깝게 다가오는 / 소리 없는 총성 / 너를 두고 탄식하며 / 한숨 짓는다.'는 어조로 '나'와 시간성을 불가피의 상황으로 전개하고 있다.

그가 탐색하는 '나'에 대한 집념은 이 시집 전체를 관류(灌流)하는 이미지의 흐름이 사랑이나 향수 혹은 시적 서정으로 적나라(赤裸裸)하게 현현되고 있어서 그의 시풍(詩風)을 통해서 그의 시적 주제의 접근과 동시에 그의 진실을 명징(明澄)하게 이해할 이게 하고 있다.

이와 같은 작품은 「나의 꽃」, 「인생 최종 목적지」, 「고백」 등에서 그의 인생관을 유추할 수 있는 주제가 그의 심저(心底)를 통해서 승화하는 시법을 알 수 있으며 이것이 바로 그가 갈구(渴求)하는 존재의 인식을 확인하는 중요한 시적 원류로 발현되고 있다.

2. 향수와 추억 그 그리움의 진원지

빈봉완 시인은 다시 우리 인간들의 영원한 그리움인 향수에도 민감한 반응을 보이고 있다. 누구나 고향에 대한 추억을 간직하지 않은 사람은 없다. 우선 그는 고향에서 어머니의 사랑과 그리움에서 창출하는 이미지는 보편적으로 현현하는 현상이지만 그의 그리움의 진원지는 다양하게 나타나고 있다.

눈에 밟혀오는 그리운 사람
옥녀봉 약수는 풍풍 변함없건만
약수암 빈자리에 쌓이는 그리움

밀물져 눈시울을 적시고
코끝에서 가슴까지 찡한
전율은 목이 멥니다

못 다한 우리들의 사랑과
갚을 수 없는 애처로운 희생은
서리서리 맺힌 눈물 되고
알뜰살뜰 꾸미고 가꾼 터전은
자자손손 이어갈 유산입니다

당신과 함께할 사랑과 소통은
아름다운 희망 '공수 메시지'
세상에서 가장 아름다운 이름
영원한 사랑 노래 불러봅니다.

이 작품「어머니」전문에서 알 수 있듯이 그에게서 어머니는 '눈에 밟혀오는 그리운 사람'이며 '세상에서 가장 아름다운 이름'이다. 어머니에 대한 이미지는 보편적으로 사랑이며 사후(死後)에는 그리움의 보고로 변한다.

빈봉완 시인도 그의 '어머니'는 '약수암 빈자리에 쌓이는 그리움'으로 형상화하면서 그가 '영원한 사랑 노래'를 부르고 있어서 그의 지극한 효심(孝心)이 관류하는 진실을 읽을 수가 있다.

그는 당시 어머니가 자주 다녔던 '약수암'에서는 '옥여봉 가슴에서 / 내리는 청정약수 / 약으로 보시하고 / 중생의 건강한 / 심신을 위로하는 / 안식처 약수암'이라는 어조로 어머니를 회상하고 있다.

또한 그의 그리움의 메시지는 작품「향수 1」에서 '옥녀봉 약수 물소리 고요와 적막의 고향집을 지키고 / 붉은 고추 가을을 익히시던 어머님은 보이지 않고 / 마당 가득 그리움만 쌓이는구나!'라는 어조에서도 알 수 있듯이 '고향집'과 '어머니'에 대한 그리움이 한 폭의 풍경화로 펼쳐지고 있다.

이러한 그리움은 향수와 추억이 동반(同伴)하는 보편성에서 그의 시법은 형상화하고 있는데 작품「추억 1」과「추억 2」「향수 2」등과 '진안'에 관한 몇 편의 작품에서 진솔하게 현현되고 있는데 이는 그가 오매불망(寤寐不忘)하는 고향의 옛 체험이 지금 재생되고 있는 것이다.

웃고 지내던 다정한 얼굴이 하나 둘씩
필름 위를 맴돌면 상념에 젖고 코끝이 찡해온다
술래잡기놀이, 이름 불러 찾고
소리 지르고 즐겁게 노래 부르던 그리운 목소리
쟁쟁하고 간지럽게 귓전을 울리면
눈시울은 어느새 촉촉이 젖어 들고
정든 고향이 아른아른 눈에 밟혀온다.

－「추억 2」 중에서

햇살가득 보듬어 피어난
꽃들의 황홀한 향연은
향기로운 미소로 빛나고
산태극수태극을 휘돌면
지수화풍 자연이 빚어낸
신비의 풍광은 아련한
추억의 파노라마

진안은 명당明堂.

–「진안은 명당」 중에서

이처럼 빈봉완 시인의 추억에는 '돌팔매질, 힘자랑, 수제비 뜨기, 때기 치기 / 딱지치기, 자치기, 팽이치기, 제기차기'를 비롯해서 '웃고 지내던 다정한 얼굴이 하나 둘씩' 회상의 물결로 되비쳐 '눈시울은 어느새 촉촉이 젖어 들고 / 정든 고향이 아른아른 눈에 밟혀'오고 있어서 그의 향수는 절정에 이른다.

또한 그는 '진안'에 관해서 상당한 그리움의 표상으로 발현되고 있는데 '신비의 풍광은 아련한 / 추억의 파노라마 / 진안은 명당明堂'이라는 지리적인 호소와 함께 '삶의 무게 느끼지 못하는 / 지상의 파라다이스 진안鎭安 / 세상에서 제일 편안한 / 진안의 명당明堂'이라는 향수를 제고(提高)하고 있다.

이처럼 그는 이 '진안'에 관한 이미지나 소재로 작품 「진안 아리랑」, 「진안으로 가는 길」, 「진안이 부른다」에서 그가 간절하게 그리는 향수와 추억이 아련한 상상력으로 창조되고 있다.

빈봉완 시인의 그리움은 '달빛속의 세레나데 되어, 애잔한 그 목소리, 가슴을 파고들고, / 생생한 삶의 역정이, 파노라마 같이 떠올라, 시린 가슴 아파오고 / 밤꽃사랑, 어머님 냄새, 흙냄새, 추억의 냄새, 다함께 솔바람에 실려 / 솔~솔 고향 냄새로 승화되어 콧등을 찡-하게 만들고 / 인자하고 포근하고 어머님 품속 같은 마음의 안식처가 손짓하며 부른다.'는 작품 「고향이 부른다」에서 최상의 절정으로 설정해서 심취(深醉)하고 있다.

3. '사랑 계약서'와 시인의 사랑학

빈봉완 시인에게서 다시 시적으로 부각(浮刻)되는 테마는 사랑에 관한 집념이다. 그는 그의 삶의 궤적(軌跡)에서나 지금 현실적인 삶의 실상에서 심도(深度)있게 사유하는 사랑의 의미와 그 행로를 명민(明敏)하게 탐색하거나 구명(究明)하고 있어서 그의 사랑학은 절묘한 경지로 흡인해서 우리들의 공감을 유로(流路)하고 있다.

우리 님의 동그란 꽃밭에는
순수하고 감미로운 사랑이 피어나고
송이송이 정다운 사랑이 피어나고
꽃보다 아름다운 사랑이 피어나고
사랑은 마음에서 피어나는
가장 아름다운 꽃

우리 님의 널따란 꽃밭에는
진실한 사랑이 피어나고
향기로운 사랑이 피어나고
기적 같은 천사의 사랑이 피어나고
무지갯빛 황홀한 사랑이 피어나고
사랑은 마음에서 피어나는
가장 아름다운 꽃

우리 둘이 하나 되고
나눌 수 없는 한 몸 되고
나눌 수 없는 한마음 되고
천생연분, 영혼의 동반자

두리두리 단둘이서
희망을 노래할 청춘계약서
청춘을 꽃피울 행복계약서
희로애락 엮어갈 인생계약서
이 세상 함께할 사랑의 계약서.

이 작품은 「사랑의 계약서 1」 전문이다. 여기에서 간과할 수 없는 대목이 '우리 둘이 하나 되고 / 나눌 수 없는 한 몸 되고 / 나눌 수 없는 한마음 되고 / 천생연분, 영혼의 동반자'이다. 시적 화자 '영혼의 동반자'는 그가 사랑하는 '천생연분'임을 직감할 수 있는데 이처럼 '두리두리 단둘이서 / 희망을 노래할 청춘계약서 / 청춘을 꽃피울 행복계약서 / 희로애락 엮어갈 인생계약서 / 이 세상 함께할 사랑의 계약서.'를 작성해서 사랑학을 정립시키고 있다.

이러한 '사랑의 계약서'는 세 편의 작품을 통해서 그가 평소에 간직한 심중의 사랑 메시지를 '달콤한 행복이 샘솟는 당신'에게 바치는 맹세의 언어로 작품을 승화하고 있어서 우리들을 감동케 하고 있다.

사랑의 크기는
웃음의 크기에 비례한다.
적게 웃으면 작은사랑이고
많이 웃으면 큰사랑이다.
웃음의 크기는
건강의 크기에 비례한다.
건강을 잃으면 적게 웃고

건강하면 많이 웃는다.
웃음은 행복을 낳는다.
적게 웃으면 작은 행복을 낳고
많이 웃으면 큰 행복을 낳는다.
행복은 아주 큰사랑이다.

이렇게 작품 「사랑의 크기」 중에서 읽을 수 있는 바와 같이 '사랑의 크기는 / 마음의 거리에 비례 한다'는 그의 사랑학은 이 마음에서 발현해서 '정성'과 '감동'과 더불어 '웃음'이라는 특이한 논법(論法)을 전개하고 있다.

이것이 빈봉완 시인이 주창(主唱)하는 '사랑의 크기=웃음의 크기=건강의 크기'라는 등식을 성립시키면서 '행복'을 구현하려는 그의 인생관을 이해할 수 있다. 그는 '기분 좋은 웃음은 / 집안을 환하게 비추는 햇빛 같고 / 기분 좋은 웃음은 / 목마른 대지를 적시는 단비 같고 / 기분 좋은 웃음은 비단 바람처럼 / 살랑살랑 가슴 스며드는 청량제 같다.(「웃음」중에서)'는 웃음의 미학을 대입해서 '아름답게 빛나는 사랑의 꽃'으로 형상화하고 있다.

그는 다시 작품 「사랑의 길」 중에서 '그리움 따라 가는 길은 기다림의 길 / 누가 부르지 않아도 달려가는 길 / 간장을 녹여내는듯한 슬픔도 함께 / 장미꽃 같은 빨간 울분도 함께 / 찔레꽃 같은 한숨소리도 함께 / 피 맺힌 절규도 함께'라는 사랑과의 동행을 천명(闡明)하고 있어서 그의 정감(情感)의 지향점이 바로 사랑학에서 발원(發源)하는 시적 진실을 공감하게 한다.

이러한 시법은 작품 「진달래 사랑」과 「촛불」, 「울림」, 「인생」, 「지푸라기」 등에서 그의 진정한 사랑의 메시지를 확인할 수 있을 것이다.

4. 명승지에서 감응하는 서정성의 승화

빈봉완 시인의 시적 특성은 그의 내면에 잠재한 서정성에서 그의 잔잔한 사물의식과 함께 친 자연의 시적 전개를 주목하지 않을 수 없다. 그는 우선 그가 착목(着目)한 사물의 정점에는 '무주구천동'이라든지 '칠연계곡'과 '명곡산장' 등 다양하게 이미지를 창출하는 것은 그가 평소에 대자연의 친근감이 시적으로 발현하는 원류로 흐르고 있기 때문일 것이다.

솔내음 진동하는 칠연계곡에
수탉같이 목을 빼들고 눈 맞춘
칠연폭포는 녹슨 인생에
음악처럼 행복한 청량제로 나타나는구나

칠연 폭포수 굴러내려
발등을 간지르며 돌돌돌
시원함이 뼛속까지 스며들어
감각 없는 바위처럼 세월을 망각하는구나

수려한 경관과 명경 같은 물
신선이 별빛타고 노니는 곳
영혼의 동반자와 청정한
에너지로 충전한 발걸음
가뿐가뿐 가볍구나.

여기 작품 「칠연계곡」 전문에서 볼 수 있듯이 그의 서정은 먼저 자연 사물의 정경(情景)에서 탐색하고 있다. 그에게 착목된 '칠연계곡'은 그 풍광(風光)에서 우선 감동의 경탄을 보내면서 우리들의 '녹슨 인생에' 새로운 가치관을 부여하는 그의 내면을 이해할 수 있을 것이다.

그는 진동하는 솔내음과 폭포수의 속삭임과 '수려한 경관과 명경 같은 물 / 신선이 별빛타고 노니는 곳'에서 음미하는 진실은 '영혼의 동반자와 청정한 / 에너지로 충전한 발걸음'이 가벼운 인생행로를 인식하게 하는 매체가 바로 서정시의 마력(魔力)이라고 할 수 있다.

이렇게 '음악처럼 행복한 청량제'로 발현하는 작품은 「무주구천동」에서 '물의 청량함에 삶의 무게 줄이는 곳 / 물의 진리에 삶의 진실을 찾는 곳 / 바위처럼 인자한 삶을 배우는 곳 / 아름다운 안식처 세계인의 힐링공원 / 꿈속에도 떠오르는 무주구천동'이라거나 작품은 「명곡산장」에서도 '솔향기 꽃그늘 속에 / 한 잔, 한 잔, 다시 또 한 잔 / 넘치는 정은 풍류에 젖어 / 해가는 줄 모르고 / 달 토끼는 불그스레 / 미소 지으며 나타나는구나'라는 어조와 같이 그의 시각에는 별천지의 낙원을 연상케 하는 서정의 심저를 흡인시키고 있다.

또한 그는 만유(萬有)의 자연 현상에서 발현하는 식물들의 변화가 시간성과 융합하면서 향기를 내뿜는 시적 장관(壯觀)을 간과하지 못하는데 이는 지천으로 널린 자연 변화의 산물인 꽃이나 잎 등 무수한 자연물이 그에게 정감적 언어로 작품을 형상화하고 있다.

이러한 작품은 「봉숭아꽃」 전문에서 '장독대 옆에서 / 아침 햇살 머금고 / 방긋이 웃어주는 / 해맑은 여인네 얼굴 // 연약한 몸매로 / 장독대 지켜주는 / 슬픈 민족의 가련한 신세 / 예뻐지고 싶은 여인네 얼굴 // 가슴을 물들여 주는 / 아련한 추억을 만들고 / 손톱 위에 피어나는 날 / 첫사랑 가슴속에 백설처럼 / 닮아올 여인네 얼굴.'이라는 꽃과의 서정성은 언제나 닮아 있어서 많은 시인들의 심금을 울려주는 시법이다.

그렇다. 빈봉완 시인은 서정시인이다. 그의 인생관이나 자연관은 순수한 우리들 인간의 본성이 인본주의(humanism)의 근원에서 이탈하지 않고 순박하면서도 지성미를 상실하지 않는 서정시학을 정립하고 있다.

그는 이 시집『영원한 향기』에서 탐색하는 그의 의식은 우선 존재의 문제에서 야기되는 사랑과 서정의 그리움이 복합적으로 화해하는 안온한 시정(詩情)을 음미할 수 있는 순수 서정의 향기에 심취하게 한다.

밤하늘의 별이 빛나듯 주옥같이 영롱하게
인생과 자연과 사랑을 노래한 삶이 빛난다.
흰 눈이 내리듯 예쁜 언어가 착륙하고
찬란하고 황홀한 꽃들이 피어나듯
곱고 향기로운 언어가 피어나고
샘물처럼 지혜로운 생각과 소중한 마음이
아름답게 솟아난다.
삶의 가치와 역사 마음의 정서와 양식이
길러지고 문화를 꽃피운다.

오감을 자극하는 언어가 주룩주룩
단비처럼 내려와 세상을 밝게 웃음 짓고
어여쁘고 상큼한 언어는 새 비단 폭에서
금 구슬 옥구슬처럼 생동감 있게 구르고
인생의 희로애락이 지성과 감성의 언어
예술로 빛나게 태어난다.
식칼을 들고 고기를 자르는 레스토랑 같고

청순한 에메랄드 수정 같은 결정체가 된다.
인간을 위로하고 치유하는 서정의 예술로
마법 같은 감동을 주는 영혼이다.

빈봉완 시학의 정점은 바로 작품 「詩」전문에서 확인할 수 있다. 그는 '인간을 위로하고 치유하는 예술로 / 마법 같은 감동을 주는 영혼'을 확인하고 그것이 지향하는 영원한 진실을 탐구하기 위해서 그는 이처럼 서정시에 몰두하는지도 모른다.

그러나 일찍이 프랑스의 상징주의의 비조이며 근대에 탁월한 시인 보들레르가 말했듯이 기쁨이든 슬픔이든 시는 항상 그 자체 속에서 이상을 좇는 신과 같은 성격을 갖고 있기 때문에 일상적인 생활과 시정신에는 괴리(乖離)의 현상이 있을 수 없다는 시적 진리를 항상 명심해야 할 것이다.

빈봉완 시인의 두 번째 시집 출간을 진심으로 축하한다.

맺음말

세월 속에 빠져 바쁘게 살아가는 인생을 잠시라도 쉬어가라고 합니다.

사람은 정밀한 기계도이며, 정밀 기계도 휴식이 필요 합니다.

한가롭고 여유 있는 모습과 시간이 필요한데 그 시간이 문인에게 주신 생각하며 쉬어가라는 창조자의 뜻 깊은 배려인 듯합니다.

시간을 멈추고 고요와 정적이 흐르는 동안은 신선이 되기도 하고 오직 나 혼자만이 이 세상에 사는 듯 도 했습니다. 앉아있는 의자도 나를 편안하게 받들어 주면서 인내하며 잘하라는 격려와 응원도 해 주는 것 같았습니다.

그런 칭찬의 힘과 용기로 한자 한자 쓰는 낱말들이 아름다운 글이 될 때 희열과, 묘미는 감동으로 다가와 잠도 잊는 밤 그 밤은 하얀 밤이 되기도 합니다.

언제나 밝고 선한 마음이 싹터서 자라야 아름다운 사회가 되듯이 문인은 마음을 비우고 여유로운 시간을 준비하며 살기에 하늘같고 산 같고 바다 같고 샘물 같고 어머니 같고 선생님 같고 아버지 같은 마음으로 아름다운 사회, 인류를 사랑하는 마음으로 살아간다고 생각 합니다.

빈손은 펜을 들고 지성과 감성이 담긴 아름답고 빛나는 예술의 혼이 담긴 생각을 쓰고 마음은 구름처럼 두둥실 떠돌며 멋지고 신나는 인생을 보내고 싶습니다.

만난 인연들을 소중히 생각하겠습니다. 그 중심에는 세분이 계십니다.

첫째, 김경애 내조자 항상 옆에서 지켜보며 교정을 해주고 사랑을 보내 주는 마음의 든든한 후원자였습니다.

둘째, 김송배 이사장님의 격려와 칭찬은 용기가 되었습니다.

셋째, 국보문학 임수홍 이사장님의 따뜻한 애정과 정성은 책으로 탄생 하게 되었습니다.

하늘이 주신 인연 호생지덕의 감사한 마음 깊숙이 조각하여 보관 합니다

2014년 9월

로맨틱한 해운대에서

탄탄 / 빈봉완

영원한 향기

지은이 | 빈봉완
발행인 | 임수홍
편　집 | 맹신형
디자인 | 안성훈

초판 인쇄　2014년 9월　27일
초판 발행　2014년 9월　30일

펴낸곳 | 도서출판 국보
주　소 | 서울시 강동구 양재대로114길 32 2층
전　화 | 02-476-2757 / 476-7260
팩　스 | 02-476-2759
이메일 | kbmh11@hanmail.net
홈페이지 | http://cafe.daum.net/lsh19577

값 10,000원
ISBN　978-89-93533-85-9

「이 도서의 국립중앙도서관 출판예정도서목록(CIP)은 서지정보유통지원시스템 홈페이지(http://seoji.nl.go.kr)와 국가자료공동목록시스템(http://www.nl.go.kr/kolisnet)에서 이용하실 수 있습니다.(CIP제어번호: CIP2014027530)」